Hakuken, célèbre pour sa force, mangeait comme dix.
Il moissonnait vite et bien.
Et toujours rigolait.
Et toujours portait un gros paquet de riz.
Même lorsqu'il moissonnait.
Un jour les villageois qui le payaient pour moissonner,
Les villageois lui dirent :
« En vérité, ce n'est pas toi qui moissonne. C'est le poids que tu portes »
Hakuken illico s'arrêta.
Posa son paquet de riz.
Et se coucha.
Alors les villageois qui le payaient pour moissonner,
Les villageois lui dirent :
« Le travail n'avance pas, pourquoi
ne moissonnes-tu pas ? »
Hakuken reprit sa charge et son
travail et demanda :
« Qui donc
est-ce qui travaille ?
Est-ce moi
ou le riz
que je porte ? »

Conception : Laurence Ottenheimer

Illustrations : Christine Adam & Stéphane Levallois

DEMI-PAGE

la

rizière

HACHETTE
Jeunesse

Le long du sentier qui descend vers la plaine, passent paysannes et paysans. Dans leur pays, le Japon…

… pas un mètre carré n'est perdu.
Cette terre qu'ils travaillent
avec grand soin est une rizière.

Les hommes réparent les canaux qui amènent l'eau des rivières jusqu'aux champs, consolident les digues…

… bêchent la terre durcie par l'hiver.
Dos courbé, pieds nus,
ils ne comptent pas leurs efforts.

Le buffle et l'homme s'enfoncent
dans la boue de la rizière inondée.
La charrue retourne la terre.

Tourne… tourne la roue
sous les pieds agiles… l'eau monte
et
se déverse
dans les parcelles.

Entre les dents de la herse,
la terre s'émiette.

Le buffle souffle, le temps presse,
voici l'équinoxe de printemps,
il faut semer.

Danseurs et tambourineurs fêtent
les semailles. Les hommes demanden
une belle récolte aux divinités
de la végétation.

Dans les pépinières, les femmes jettent à la volée les grains de riz qui germeront très vite dans la terre gorgée d'eau.

Les jeunes plants de riz poussent en rangs si serrés qu'il faut les déterrer pour les replanter, un à un, en lignes plus espacées.

Les pousses grandiront mieux ainsi.
Les repiqueuses ne se redressent pas,
ne relèvent pas la tête…
Leurs gestes sont rapides et précis.

L'été avance.
Entre les mailles des filets,
les oiseaux se faufilent…

… et picorent les épis chargés de grains dorés. Avant la moisson, les paysans assèchent la rizière.

Le riz moissonné est lié en bottes,
puis rapporté au village.

A l'automne, les femmes
s'empressent, frappent les tiges
pour détacher les grains des épis,
ou rassemblent les pailles
en meules.

Elles laissent aux hommes
les travaux les plus durs :
battre au fléau pour décortiquer
les grains et engranger
les meules.

Mais ce sont elles encore…

.. qui vannent, secouent et lancent en l'air le riz : les menues pailles s'envolent, les grains plus lourds retombent. Avec son éventail, l'enfant aide sa mère.

Les premiers frimas chassent
les oiseaux migrateurs
et les bourrasques de vent dénudent
les arbres. Il ne reste plus qu'à laver
les grains de riz dans les paniers
suspendus dans le courant
de la rivière. Cet hiver, personne
n'aura le ventre creux !

Les paysans ne perdent rien. Les grains de riz abîmés sont pilés, réduits en farine. Les femmes en feront des gâteaux.

Dans de grandes cuves,
le riz mélangé avec de la levure
et de l'eau fournit un breuvage
alcoolisé qui réchauffe
les corps et les cœurs.

La neige peut blanchir la terre
et les toits. Dans les greniers
perchés, les semences
pour le printemps prochain sont
à l'abri des rongeurs.

Les paysans fourbus
et le seigneur, maître des rizières,
se sont partagés la récolte.
Chacun se repose chez soi.

Allez savoir pourquoi...

Le riz est une céréale, comme le blé ou le maïs...

Les céréales produisent des épis qui se chargent de grains que l'on mange ou que l'on broie en farine. Il y a cinq mille ans, on mangeait déjà du riz en Chine ; et depuis plus longtemps encore en Inde… Aujourd'hui, le riz est la base de l'alimentation de la moitié de l'humanité.

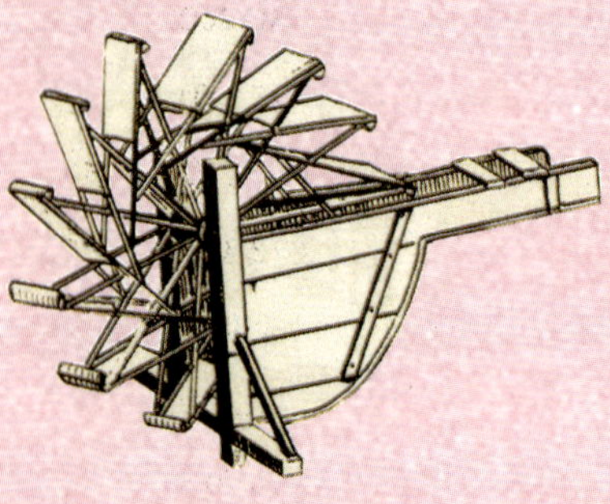

Le repiquage du riz

La préparation de la rizière nécessite des travaux importants : curer et nettoyer les canaux d'irrigation ; entretenir les machines qui permettent de faire venir l'eau ; reconstituer ou réparer les petites digues qui entourent les parcelles ; labourer et aplanir le sol pour qu'il soit partout noyé de la même façon. Tout cela demande du temps, beaucoup de temps… On a donc intérêt à semer les grains de riz et à élever les jeunes pousses en pépinière : elles seront déjà robustes lorsque la rizière sera prête et leurs racines mieux développées fourniront une plante plus résistante et capable de donner plus de grains.

La vraie couleur du riz

Au moment de la récolte, le grain de riz est recouvert de deux enveloppes qu'on appelle les balles. Sa couleur est brune : c'est le riz « paddy ». La pellicule extérieure contient des vitamines et toutes sortes d'éléments bons pour la santé mais elle s'abîme vite au contact de l'air et de la lumière. C'est pour cette raison que l'on décortique une première fois le riz qui devient riz « cargo », ou riz complet ; ses grains conservent l'essentiel de leur valeur nutritive, riches en minéraux, fer, magnésium, potassium, phosphore, etc. Pourtant ils ne sont pas encore blancs, plutôt beiges, et cet aspect en rebute plus d'un. Pour obtenir les grains couleur de neige auxquels nous sommes habitués dans nos pays, il faut lui enlever sa dernière et fine écorce en le polissant. Le revers de la médaille est que plus il est raffiné, plus le grain de riz s'appauvrit.

Allez savoir pourquoi...

Les brisures et la paille de riz ne sont pas perdues pour tout le monde...
Les brisures serviront à nourrir le bétail. Les tiges séchées seront tressées en paniers, en bottes pour marcher dans la neige, l'hiver, en chapeaux ou en nattes qui feront office de tapis.

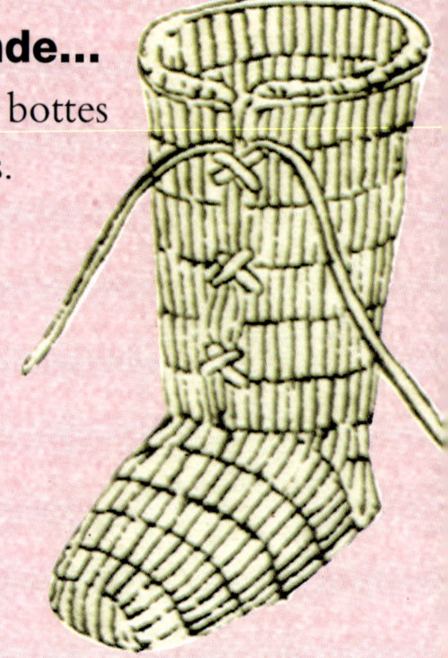

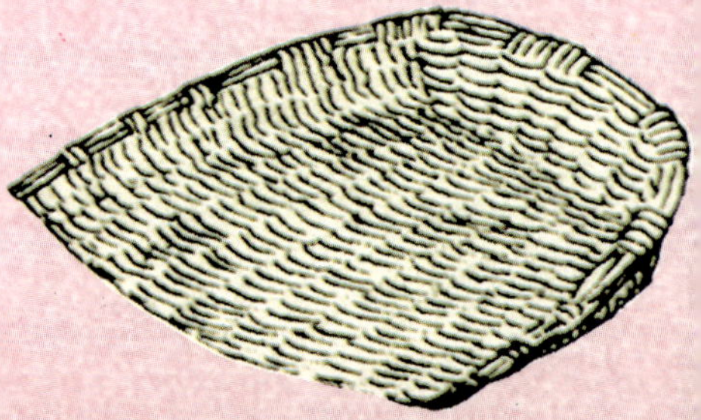

Les fêtes du riz, au Japon

Les Japonais fêtaient autrefois le lis, les glycines, les fleurs de cerisiers et bien d'autres plantes... Mais les fêtes les plus importantes étaient consacrées au riz : lors des semailles avec la bénédiction des semences et du repiquage où l'on dansait ; à l'époque des moissons, évidemment ; mais aussi l'hiver pendant lequel les paysans japonais mimaient le labourage avec des chevaux de bois ou en se mettant à quatre pattes dans leurs maisons. Le premier janvier qui est célébré comme un anniversaire – au Japon, chacun a un an de plus ce jour-là – on honorait la divinité des champs, *Ta no kami*, en priant devant un sac de paille rempli de riz pour que les moissons soient abondantes.

Allez savoir pourquoi...

Hokusai, le fou de dessin

Les illustrations de ce livre sont librement inspirées des œuvres du grand peintre japonais Hokusai, qui vécut au siècle dernier, qui signait volontiers en ajoutant « Gakyojin » à son nom, ce qui veut dire « fou de dessin » dans sa langue maternelle, et qui aimait à se représenter comme ce petit personnage agité qui tient ni plus ni moins que cinq pinceaux à la fois, un dans la bouche, un dans chaque main, un à chaque pied ! Il prétendait que ses mains, ainsi armées, couraient toutes seules sur le papier, lui faisant dessiner des gens, des animaux, des objets, des paysages. Tout ce qui lui passait par la tête. Au fil des rencontres. Selon la pluie des idées et le vent de la fantaisie.

Il changeait presque aussi souvent de nom que de chemise... Parce que cela l'amusait ! Parce que cela l'obligeait à se renouveler, disait-il. Il faut encore le regarder tel qu'il s'est dessiné, ici en bas, riant d'un vieux rire malicieux qui ouvre son visage et qui est comme celui de tous les hommes d'âge, au Japon. Avec les yeux habitués à fixer le modèle du dessin. Et le nez bien large, comme pour mieux sentir le vent qui passe. Et la bouche grande, riant toujours et prête encore à croquer la vie.

Illustrations des pages 2 à 7 et 36 à 42 : droits réservés

Dépôt légal : 5190.04.95 - 29.42.1433.01/1
I.S.B.N. 2.01.291433.0
Loi n°49-956 du 16 juillet 1949 sur les publications destinées à la jeunesse
Cet album a été achevé d'imprimer
en mars 1995
sur les presses de l'imprimerie GEP à Crémone